예수님을 따라 걸어요

저자 정부선 박현경 최지혜 김희영

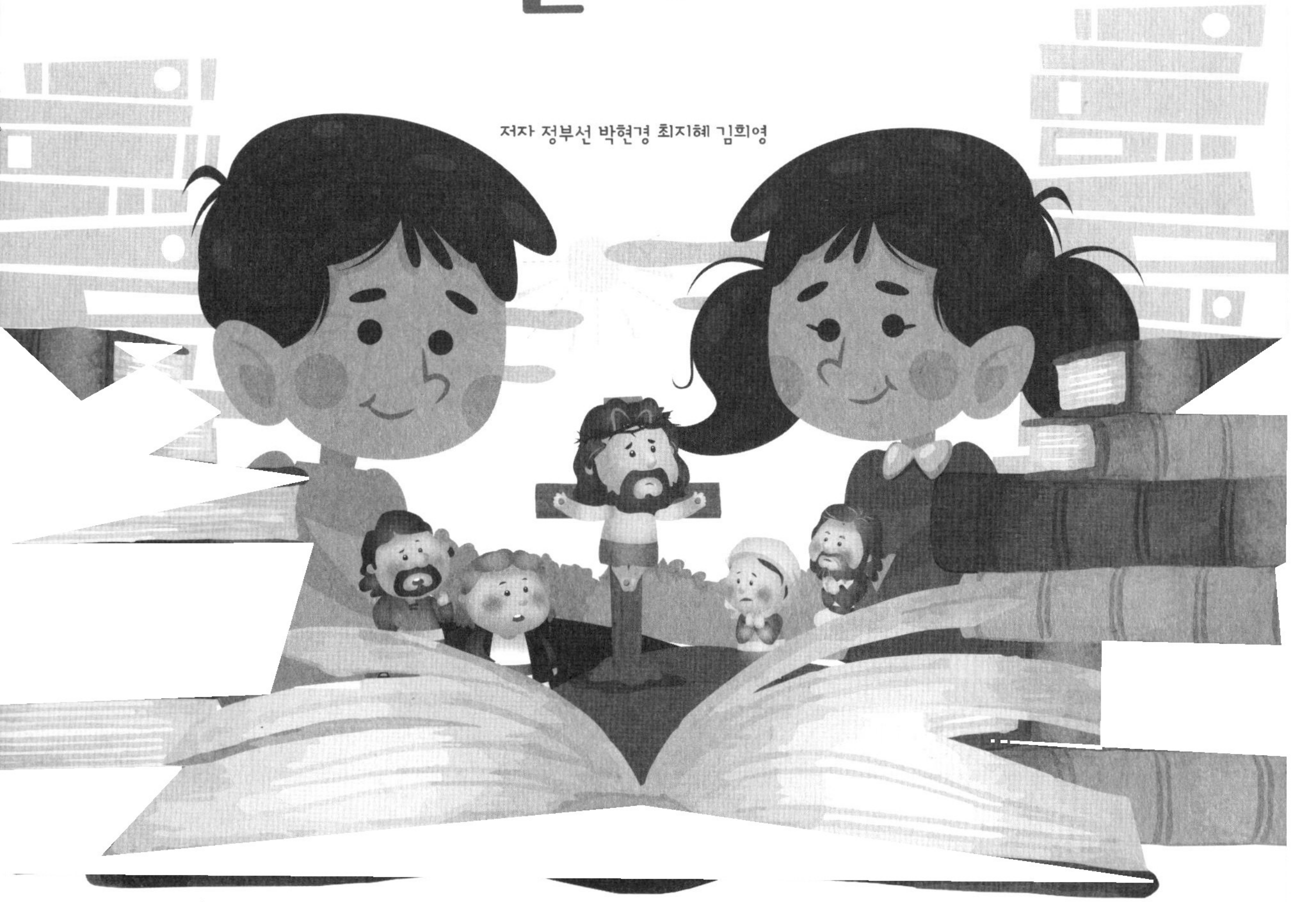

터치바이블선교회
Touch Bible Ministry
레디티아 책세계관연구소

예수님과 함께 걸어요

강신덕 목사(터치바이블선교회 대표)

흔히들 사순절은 평소의 삶보다 축소되고 절제된 삶을 상상합니다. 그러나 사순절의 삶이 미니멈을 추구하는 것이라고 못 박는 것은 지극히 어른만의 생각입니다. 어린이들을 위한 사순절은 오히려 그리스도인다운 삶의 풍성한 실제를 배우는 시간입니다. 사순절에 예수님께서 보이셨던 십자가 길의 모범을 가르치고 배울만한 덕성(virtue)으로 나누는 일은 어린이들에게 멋진 기회가 될 것입니다. 이번 사순절에 터치바이블과 레티티아가 제안하는 다섯 가지 덕스러운 삶을 함께 나누어 보시지요.

1. **용서**(마 18:21~35): 예수님께서는 제자들에게 원수라할지라도 "일흔 번씩 일곱 번"이라도 용서하라고 말씀하셨습니다. 예수님께서 십자가에서 "저들을 사하여 주옵소서"라고 말씀하신 것은 용서의 참 모범입니다(눅23:43). 사순절은 회개의 시간으로 시작합니다. 이 시간을 통해 하나님께 용서를 구하고 서로를 용서하는 일은 예수님을 따르는 첫 번째 덕목이 됩니다.
2. **사랑**(요 13:1~15): 예수님께서는 십자가에 달리기 전 제자들에게 "서로 사랑하라"는 새 계명을 주셨습니다(요13:34). 예수님의 사랑은 "사랑하시되 끝까지 사랑"이었습니다(요13:1). 그리스도인은 사순절에 참 사랑의 의미를 묵상하고 예수님의 사랑으로 자신의 삶이 새로워지고 풍성해지기를 위해 노력해야 합니다.
3. **기도**(요 14:15~24): 예수님께서는 "습관을 따라"(눅22:39)기도하셨습니다. 예수님께서는 또한 하나님께 드려야 하는 바른 기도를 제자들에게 가르치기도 하셨습니다(마6:9~13). 예수님께서는 체포되기 전에도, 십자가에서도 하늘을 향해 기도하셨습니다. 기도는 하나님께 더 가까이 나아가 하나님과 동행하게 하는 삶의 중요한 자세입니다. 기도하지 않으면 그리스도인일 수 없으며, 기도에 성실하면 은혜를 누리는 삶으로 나아가는 지름길을 얻게 됩니다.
4. **섬김**(눅 22:39~41): 예수님께서는 "섬기려 하고 자기 목숨을 많은 사람의 대속물로 주려"고 이 땅에 오셨습니다(마20:28). 예수님께서는 섬김의 모범으로 십자가에 달려 돌아가시기 전에 제자들의 발을 씻기셨습니다(요13:14). 사순절에, 서로를 섬기는 일은 이 땅에 오시고 고난당하신 예수님을 닮는 중요한 방법입니다. 서로 섬기고 봉사하는 일을 통해 그리스도인은 예수님을 닮아갈 수 있습니다.
5. **희생**(마 15:15~39): 이사야 선지자는 예수님에 대해 "그가 찔림은 우리의 허물 때문이요 그가 상함은 우리의 죄악 때문이라 그가 징계를 받으므로 우리는 평화를 누리고 그가 채찍에 맞으므로 우리는 나음을 받았다"고 말합니다(사53:5). 희생은 예수님의 구원을 이루신 참 은혜의 방법이며 그리스도인이 본받아야할 거룩한 덕목입니다. 그리스도인은 사순절에 형제와 이웃과 공동체가 평안해질 수 있는 자기희생의 길을 발견하고 실천해야 합니다.

이야기로 만나는 성서적 세계관

박현경 소장(레티티아책세계관연구소)

세계관은 세상을 보는 안경입니다. 어떤 색의 안경을 쓰느냐에 따라 세상이 다르게 보이는 것처럼 우리가 어떤 세계관을 가지고 있느냐에 따라 삶을 살아가는 모습이 달라집니다. 이렇게 세계관은 우리의 삶을 이끌어가며, 우리가 내려야 할 모든 의사결정에 중요한 영향을 미칩니다.

그렇다면 성서적 세계관은 무엇일까요? 성서적 세계관은 그리스도인들이 세상에 대해 가져야 할 기본 신념들을 성서에서 배우고, 그러한 신념들을 우리 문화의 기본 신념들과 연결시키는 것입니다. 성서의 진리를 통해 세상을 보는 관점이 바로 성서적 세계관인 것입니다. 레슬리 뉴비긴이 성서는 바라보기만 할 책이 아니라 그것을 통해 세상을 봐야 하는 책이라고 말하는 것과 상통합니다. 성서적 세계관을 가진 그리스도인들은 세상의 방식이 아닌, 하나님의 방식과 법도로 세상을 바라보며 살아가게 됩니다. 복음은 그리스도인들만의 진리가 아닙니다. 모든 사물과 생각에 적용될 수 있는 기준이 되는 것으로, 이 세상을 살아가는 모든 사람들이 받아들일 수 있는 공공의 진리입니다. 이러한 진리를 나의 삶의 기준으로 삼고 나아가 세상과 소통하기 위해서는 성서적 세계관을 내면화해야 합니다.

성서적 세계관으로 세상을 바라보는 안목을 키우며 성서의 진리를 내 삶에 적용하는 가장 좋은 방법 중의 하나는 이야기로 만나는 것입니다. 인간은 이야기하려는 본능이 있고, 누구나 자신의 이야기가 있습니다. 또한 이야기를 통해 사회를 이해하기도 하며 자신의 이해를 적용하기도 합니다. 이야기가 인간의 체험을 가능한 한 구체적이고 생생하게 표현하여 보여줄 뿐만 아니라 실재의 본질을 파악하도록 도와주기 때문입니다. 또한 성서는 그 자체로 거대한 이야기입니다. 예수님께서도 다양한 이야기를 통해 우리에게 하나님의 진리를 알려주십니다. 누가복음 10장의 말씀 속에서 예수님은 자신의 이웃이 누구냐는 율법 교사의 질문에 강도 맞은 자에게 선대하는 사마리아인의 이야기를 들려주십니다. 이야기를 통해 이웃에 대한 추상적인 설명이 아닌 실재를 보여주고 해석할 수 있도록 인도해주시는 것입니다.

사순절은 예수님의 고난과 죽음을 기억하는 절기입니다. 사순절 기간 동안 우리는 회개와 기도, 절제와 금식, 깊은 묵상과 경건의 생활을 통해 십자가의 길을 걸어가신 주님을 기억하며 그 은혜를 감사하게 됩니다. 터치바이블과 레티티아가 함께 준비한 『예수님을 따라 걸어요』는 다음 세대인 어린이들이 용서, 섬김, 사랑, 기도, 희생에 대한 감각을 일깨울 수 있는 이야기를 선정했습니다. 화가 났지만 용서를 하게 된 곰의 이야기, 눈이 많이 온 숲 속 마을에서 서로가 서로를 섬긴 동물들의 이야기, 용납하고 사랑하기 힘든 할머니를 사랑하게 된 가족의 이야기, 진실하고 편안하게 기도하는 방법에 대한 이야기, 생명을 내어주는 희생의 아름다움에 대한 이야기가 있습니다. 아이들이 이야기 속에 담겨 있는 성서적 세계관을 경험하며 일상의 언어로 나와 세상과 소통하며 자신의 삶의 바탕으로 만들어가는 귀한 시간이 되기를 소망합니다.

이야기로 만나는 사순절 예수님을 따라 걸어요

목 차

이야기로 만나는 사순절 예수님을 따라 걸어요

교재활용안내

● 이야기로 만나는 사순절 예수님을 따라 걸어요는 어린이들이 성서 속 예수님의 말씀과 사순절 신앙의 전통을 배우고 성장하도록 돕기 위해 제작된 사순절 신앙교재입니다. 특별히 성서의 이야기와 그림책 이야기 그리고 어린이 자신의 이야기를 중심으로 교육을 전개해 나가는 새로운 방식을 제공합니다.

● 이야기로 만나는 사순절 예수님을 따라 걸어요의 특징

이 교재는 이야기를 중심으로 구성되었습니다. 어린이들은 성서의 이야기를 통해 신앙의 덕성을 배우고, 그림책 이야기를 통해 신앙의 덕성에 대한 감수성을 키웁니다. 그리고 어린이 자신의 이야기를 통해 신앙의 덕성을 자신의 삶에 구체적으로 적용합니다.

● 이야기로 만나는 사순절 예수님을 따라 걸어요의 목적

1. 이 교재는 교회력의 사순절을 위한 신앙교육을 목적으로 합니다.
2. 이 교재는 어린이들이 사순절 신앙과 신앙의 덕성을 배우고 실천하도록 돕기위한 것입니다.

● 이야기로 만나는 사순절 예수님을 따라 걸어요의 내용

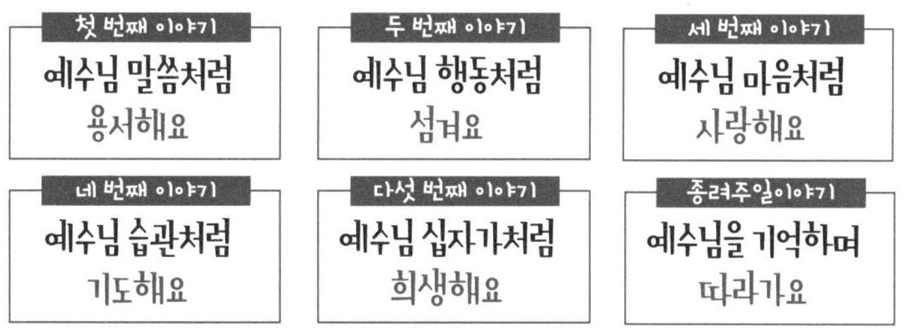

● 이야기로 만나는 사순절 예수님을 따라 걸어요의 진행

● 이야기로 만나는 사순절 예수님을 따라 걸어요의 교사의 역할

첫째, 부모와 교사는 어린이들에게 이야기를 들려주는 사람들입니다(story teller).

둘째, 부모와 교사는 어린이들로 하여금 사순절의 신앙을 따라 살도록 훈련하는 사람들입니다 (trainer).

이야기로 만나는 사순절
예수님을 따라 걸어요

교사지침안내

교수학습진행안, 우리들이야기 교육활동진행안 PDF 및 자료들은 홈페이지를 통해 무료배포됩니다. 아래 홈페이지를 통해 다운받아 사용하시기 바랍니다.

홈페이지

www.touch-bible.com

교사지침PDF

우리들이야기PDF 및 자료

선생님 사순절이 뭐예요?

사순절은 예수님께서 십자가의 죽음에서 부활하신 부활절을 기쁘게 축하하기 위해 준비하는 절기에요. 부활절 전 여섯 번의 주일을 뺀 40일 동안의 기간을 사순절이라고 말해요. 이 40일의 기간동안 예수님께서 우리의 죄로인해 십자가에 달려 돌아가신 것을 기억하며 우리도 고난에 함께하는 훈련을 해요. 예수님께서 우리에게 보여주신 바른 신앙의 모습을 되새기며 경건을 위한 여러가지 훈련을 하는 기간으로 보내게 되요.

재의 수요일

재의 수요일은 사순절의 시작을 알리는 수요일을 의미해요. 재를 머리에 뿌리는 것은 죄를 회개하는 의미를 가지고 있어요. 우리의 죄를 회개하며 사순절을 시작해요.

종려주일

예수님께서 하나님의 뜻을 이루시기 위해 나귀를 타고 예루살렘으로 들어가신 날을 기념하는 주일이에요. 이때 많은 사람들이 성문 밖으로 나와 종려나무 가지를 흔들고 "호산나! 호산나!" 외치며 예수님을 환영했어요.

고난주간

예수님의 십자가에서의 고난과 죽음을 기념하는 주간이에요. 예수님께서 어린 나귀를 타고 예루살렘에 입성시던 날로부터 부활하시기 직전까지의 1주간을 말해요. 고난 주간은 매우 경건하게 보내는 주간이에요, 특히 최후의 만찬을 기념하는 목요일과 주님의 십자가 죽음을 기념하는 금요일은 그중에서도 더 경건하게 보내며, 재미있고 신나는 일들을 절제하고 기도하는 날로 지키기도해요.

이야기로 만나는 사순절

예수님을 따라 걸어요 이렇게 시작해요.

회개의 기도로 시작해요.

사순절 기간동안 하나님께 잘못한 것이 있다면 회개의 기도를 드리며 모임을 시작해요.

함께 나눔으로 시작해요.

사순절 기간동안 죄의 유혹을 물리치고 승리한 이야기가 있다면 함께 이야기해요. 그리고 죄의 유혹을 물리치지 못한 일이 있다면 함께 이야기하고 서로를 위해 기도해주어요.

말씀을 복습하며 시작해요.

사순절 기간동안 외운 말씀들을 함께 점검하며 모임을 시작해요.

첫 번째 이야기

이야기로 만나는 사순절

예수님 말씀처럼 용서해요!

그림책이야기

연이 툭! 하고 끊어져 곰이 사는 동굴 안으로 쏙 들어갔어. 나는 연을 찾기 위해 동굴 안으로 들어갔지. 손을 뻗어 연줄을 잡으려는 순간, 곰이 잠꼬대를 하며 돌아눕는 바람에 그만 연이 망가져 버렸어!

낮잠을 자고 있는데 빨간 곱슬 머리 소녀가 불쑥 들어 온 거야. 다짜고짜 소리를 지르며 난리를 피우는 거지. 나도 정말 화가 났어!

소녀와 곰처럼 화가 난적이 있나요?

그때 용서할 수 있었나요?

곰 때문이야! 에이미 다이크맨 글, 자카리아 오호라 그림 / 함께 자람 / 2016

성서이야기

- 본문 말씀 : 마태복음 18장 21-35절
- 외울 말씀 : 마태복음 18장 35절

너희가 각각 마음으로부터 형제를 용서하지 아니하면 나의 하늘 아버지께서도 너희에게 이와 같이 하시리라

말씀을 묵상하면서 그림을 색칠해요.

예수님은 이스라엘의 많은 곳을 제자들과 함께 다니시며 천국을 선포하셨어요.
오늘, 예수님이 가버나움이라 불리는 동네에 오셨어요.
예수님이 오셨다는 소식을 듣고 사람들이 모여들었어요.
예수님은 사람들에게 하나님의 말씀을 가르치셨어요.

그 때, 베드로가 예수님을 불렀어요. "예수님!" 그리고 예수님께
"예수님, 형제나 친구가 나에게 잘못하면 몇 번 용서해야하나요?"라고 물었어요.
예수님은 베드로를 바라보시며 말씀하셨어요.
"베드로야, 너라면 어떻게 하겠니?"
"음, 다른 사람들은 세 번까지 용서하지만, 저는 일곱 번까지 용서할거에요."
그런데 예수님의 대답을 들은 베드로는 깜짝 놀랐어요.
"베드로야, 형제나 친구가 너에게 잘못을 하면 일곱 번에 일흔 번씩까지라도 용서해라"
"네? 그렇게나 많이요?"

예수님은 베드로에게 다시 말씀해 주셨어요.
"베드로야, 하나님은 네가 어떤 잘못을 하여도 늘 먼저 용서해주신단다.
아무리 많은 잘못을 하여도 언제나 용서해주신단다.
하나님은 그렇게 사랑이 많은 분이시지.
하나님이 너를 용서한 것처럼 너도 친구를 끝까지 용서하렴.
그리고 꼭 기억하렴. 하나님은 우리를 언제나 용서해주시지만,
만약 네가 형제나 친구를 용서하지 않으면 하나님도 너를 용서하지 않으신단다."
베드로와 가버나움 사람들은 예수님 말씀처럼 용서할 것을 다짐했어요.

1. 형제나 친구를 끝까지 용서해야하는 이유는 무엇일까요?

2. 빈칸에 들어갈 글자를 적어보세요.

"하나님이 너를 ○○ 하신 것처럼
너도 친구를 끝까지 ○○ 하렴."

우리 죄와 잘못을 먼저 용서해주신 하나님의 사랑을 기억하며, 예수님의 말씀처럼 용서를 실천하는 사순절이 되어요.

우리들이야기

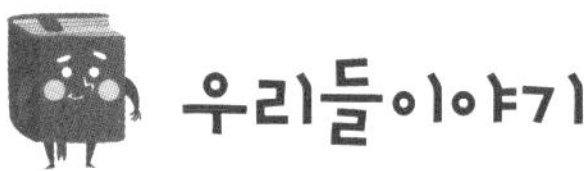

'용서팬북' 만들기

예수님은 우리가 서로 용서하라고 말씀하세요. 뿐만 아니라 내가 먼저 용서하기를 원하세요. 예수님의 말씀을 기억하며 '용서 팬북'을 만들고, 용서를 실천해요.

___의 용서 4계명

자르기 ▶

자르기 ▶

자르기 ▶

자르기 ▶

자르기 ▶

마태복음 18장 35절

너희가 각각 마음으로부터 형제를 용서하지 아니하면

나의 하늘 아버지께서도 너희에게 이와 같이 하시리라

── 자르는 선

두 번째 이야기

이야기로 만나는 사순절

예수님 행동처럼 섬겨요!

그림책이야기

숲속 마을에 눈이 많이 내렸어요. 눈 때문에 숲속 길이 다 사라졌어요. 토끼는 세 찬 바람 때문에 고장 난 집 문이 걱정이었고요, 여우는 먹을 음식이 없었지요. 노루는 음식 재료를 구하기가 힘들었어요.

눈이 가득 내린 숲속에서 누가 동물 친구들을 섬겨주었을까요?

누구지?	이범재 글, 그림 / 계수나무 / 2013

성서이야기

- 본문 말씀 : 요한복음 13장 1-15절
- 외울 말씀 : 요한복음 13장 15절

내가 너희에게 행한 것 같이 너희도 행하게 하려 하여 본을 보였노라

말씀을 묵상하면서 그림을 색칠해요.

유월절이 다가오자 예수님은 하나님께로 돌아가야 할 때가 되었음을 아셨어요.
그래서 예수님은 제자들과 함께 예루살렘으로 가셨어요.
예루살렘에 도착한 예수님은 제자들과 함께 성안의 큰 다락방에서 유월절 식사를 하셨어요.
사랑하는 제자들을 두고 곧 떠나야 하는 예수님의 마음은 무척 아팠어요.

식사를 하던 중 잡자기 예수님이 일어나셨어요.
그리고 겉옷을 벗으시고 수건을 가져다가 허리에 두르셨어요.
'예수님이 무엇을 하시려는 걸까? 저건 또 뭐지?'
식사를 하던 제자들이 놀라며 어리둥절했어요.
예수님이 대야에 물을 떠서 제자들의 발을 씻어주셨어요.
베드로는 자기 차례가 되자 큰 소리로 말했어요.
"안돼요! 예수님!, 선생님이 어찌 종들이 하는 일을 하시나요.
저의 발은 절대로 씻을 수 없으세요."
예수님은 사랑스러운 눈빛으로 베드로를 바라보며 말씀하셨어요.
"베드로야, 내가 너의 발을 씻어주지 않으면 너는 나에게 아무런 상관이 없는 사람이 되는 거야.
나는 지금 너를 너무 사랑해서 너의 발을 씻어주는 거란다."

예수님은 제자들의 발을 모두 씻어주시고 이렇게 말씀하셨어요.
"선생인 내가 너희들을 사랑해서 발을 씻어주며 섬겼던 것을 기억하렴.
그리고 너희들로 서로 사랑하며 서로를 섬기는 삶을 살도록 하렴."
제자들은 예수님 행동처럼 서로를 사랑하며 섬길 것을 다짐했어요.

1. 우리가 서로를 섬겨야 하는 이유는 무엇일까요?

2. 빈칸에 들어갈 글자를 적어보세요.

"사랑하는 마음으로 제자들의 발을 씻어주신
예수님의 행동은 ●● 입니다."

끝까지 사랑하는 마음으로 제자들의 발을 씻어주신 예수님의 행동처럼
사랑의 마음으로 섬김을 실천하는 사순절이 되어요.

몸으로 섬겨요

예수님의 손은 제자들의 발을 닦아주신 섬김의 손이에요. 우리도 예수님의 섬김의 행동을 몸으로 실천해 보아요. 나의 두 손과 두 발, 입과 귀 그리고 나의 마음은 어떤 섬김의 도구가 될 수 있을까요?

세 번째 이야기

이야기로 만나는 사순절

예수님 마음처럼 사랑해요!

그림책이야기

우리 가족은 엄마, 아빠, 나, 동생 이렇게 네 명이에요. 우리는 엄마 아빠가 하는 작은 식당에서 살지요. 참, 할머니도 한분 계신데 멀리 시골에서 혼자 사세요. 할머니는 아빠가 아주 어릴 때부터 따로 사셨대요. 그러던 어느 날 할머니가 택시를 타고 우리 집에 오셨어요.

"할머니는 맨날 음식을 뱉어요."

"할머니는 오줌을 아무데나 눠요."

"할머니가 덥지도 않은데
자꾸 옷을 벗어요. 창피하게"

사진 속 가족은 이런 할머니를 가족으로 사랑할 수 있을까요?

우리 가족입니다 이혜란 글, 그림 / 보림 / 2005

성서이야기

- 본문 말씀 : 요한복음 14장 15-24절
- 외울 말씀 : 요한복음 14장 21절

나의 계명을 지키는 자라야 나를 사랑하는 자니 나를 사랑하는 자는 내 아버지께 사랑을 받을 것이요 나도 그를 사랑하여 그에게 나를 나타내리라

말씀을 묵상하면서 그림을 색칠해요.

유월절 저녁식사를 마치신 예수님은 제자들과 함께 앉으셨어요.
예수님은 제자들을 두고 떠날 것을 생각하니 마음이 아팠어요.
사랑하는 제자들의 얼굴을 바라보시며 예수님이 말씀하셨어요.
"너희들은 나를 사랑하느냐?"
"예! 예수님을 사랑해요."
제자들은 큰 소리로 대답했어요.

예수님은 큰 소리로 대답하는 제자들에게 또 말씀을 하셨어요.
"너희가 나를 사랑한다면, 내가 했던 일들을 기억하렴.
그리고 내가 말했던 계명들을 꼭 지키며 살아야해.
잊지 마! 나의 계명은 서로 사랑하는 거란다.
사랑하는 마음으로 서로 섬기는 거란다."
"예수님! 꼭 기억할게요."
제자들은 큰 소리로 다짐했어요.

예수님은 큰 소리로 다짐하는 제자들에게 다시 한 번 말씀하셨어요.
"만약 너희가 나를 사랑한다 말하고도 내가 말한 계명들을 지키지 않는다면,
너희는 나를 사랑하지 않는 거란다.
나는 하나님 아버지를 온 마음으로 사랑하며, 아버지께서 명하신 대로 행했단다.
나를 사랑하는 그 마음으로 서로를 사랑하렴. 서로를 섬김으로 사랑하렴."
"예수님! 예수님을 사랑하는 마음으로 예수님의 말씀을 꼭 지킬게요."
제자들은 사랑하는 예수님께 약속했어요.

1. 우리가 서로 사랑해야 하는 이유는 무엇일까요?

2. 빈칸에 들어갈 글자를 적어보세요.

하나님을 사랑하는 마음으로 하나님이 명하신 일들을 행하셨던 예수님을 기억하며, 우리들도 예수님을 사랑하는 마음으로 예수님의 계명인 사랑을 실천하는 사순절이 되어요.

사랑의 5가지 방법

예수님은 우리에게 서로 사랑하라고 말씀하셨어요. 사랑을 실천하는 5가지 방법을 통해 친구와 가족 그리고 이웃을 에게 사랑을 표현해보아요.

선물로 표현해요

누구에게?

어떤 선물로?

사랑을 표현해요!

칭찬으로 표현해요

누구에게?

어떤 칭찬의 말로?

사랑을 표현해요!

함께함으로 표현해요

누구에게?

무엇을 함께하며?

사랑을 표현해요!

도와주며 표현해요

누구에게?

무엇을 도와주며?

사랑을 표현해요!

행동으로 표현해요

누구에게?

어떤 행동으로?

사랑을 표현해요!

네 번째 이야기

이야기로 만나는 사순절

예수님 습관처럼 기도해요!

그림책이야기

맥팔랜드씨의 가족은 매일 저녁마다 모여 가정 예배를 드려요. 마지막에는 맥팔랜드씨가 기도를 인도하면, 아이들도 아빠를 따라 각자 나름대로 기도했어요. 어느 날 저녁이었어요. 예배가 끝나자마자, 맥팔랜드씨의 딸 딜레이니가 질문했어요.

예수님이 기뻐하시는 기도는 무엇이고 어떻게 하는 걸까요?

루터와 이발사 R. C. 스프로울 글, T. 라이블리 플루하티 그림 | IVP | 2016년

성서이야기

- 본문 말씀 : 누가복음 22장 39-41절
- 외울 말씀 : 누가복음 22장 39절

예수께서 나가사 습관을 따라 감람 산에 가시매 제자들도 따라갔더니

말씀을 묵상하면서 그림을 색칠해요.

예수님은 제자들과 유월절 저녁식사를 마치시고 밖으로 나가셨어요.
어둠으로 깜깜한 밤, 예수님이 어디론가 가고 계셨어요.
제자들도 예수님의 뒤를 조용히 따라 걸었어요.
예수님이 어디를 가시는지 아무도 묻지 않았어요.
어둠 속에서 조금씩 감람나무들이 보이기 시작했어요.

오늘도 예수님은 습관에 따라 하나님께 기도하러 가셨어요.
예수님은 매일 하나님 말씀을 전하시며, 많은 사람들의 병을 고쳐주셨어요.
그리고 밤이 되면 많이 피곤하셨지만, 기도하는 시간을 잊지 않으셨어요.
한적한 곳으로 나가 매일 하나님께 기도하셨어요.

오늘 밤에도 예수님은 간절한 마음으로 하나님께 기도하셨어요.
온몸의 땀이 땅에 떨어지도록 힘써 기도하셨어요.
"하나님! 저에게 주어진 이 십자가를 잘 감당하게 해주세요.
아버지! 아버지의 뜻대로 이루어지도록 저에게 힘을 주세요."
예수님은 기도를 통해 하나님의 뜻을 깨달았어요.
예수님은 기도를 통해 새로운 힘을 얻었어요.
예수님은 습관처럼 하나님께 나아가 기도하셨어요.

1. 하나님께 매일 기도를 해야 하는 이유는 무엇일까요?

2. 빈칸에 들어갈 글자를 적어보세요.

"예수님은 습관 에 따라 매일매일
하나님께 ○○ 하셨어요."

바쁘고 힘든 삶속에서도 매일 하나님께 나아가 기도했던 예수님의 습관처럼
시간을 정하고 매일 기도를 실천하는 사순절이 되어요.

우리들이야기

나만의 기도책 만들기

예수님은 매일매일 하나님께 기도하는 습관을 가지셨어요. 우리도 예수님처럼 매일 기도를 통해 하나님을 만나요. 나만의 기도문을 적어 기도책을 만들고, 늘 기도를 실천해요.

저녁에 드리는 기도

점심에 드리는 기도

마가복음 1장 35절
새벽 아직도 밝기 전에 예수께서
일어나 나가 한적한 곳으로 가사
거기서 기도하시더니

이름:

예수님처럼
기도해요

아침에 드리는 기도

자르기

안으로 접기

밖으로 접기

이야기로 만나는 사순절

예수님 십자가처럼 희생해요!

그림책이야기

산속에 불이 났어요. 갓 태어난 꿩 병아리 아홉 마리는 삐삐, 삐삐 울면서 엄마 까투리를 따라다니며 불길을 피해 허둥지둥했지요. 그때 갑자기 불길이 엄마 까투리를 덮쳤어요. 엄마 까투리는 자기도 모르게 하늘로 날아올랐어요.

마침내 불이 꺼지고, 아홉 마리 꿩 병아리들은 솜털 하나 다치지 않고 살아있었어요. 새끼들은 어떻게 살 게 된 것일까요?

엄마 까투리 권정생 글, 김세현 그림 / 낮은산 / 2008

성서이야기

- 본문 말씀 : 마가복음 15장 15-39절
- 외울 말씀 : 요한복음 19장 30절
  이르시되 다 이루었다 하시고 머리를 숙이니 영혼이 떠나가시니라

말씀을 묵상하면서 그림을 색칠해요.

"십자가에 못 박으시오! 예수를 십자가에 못 박으시오!"
빌라도의 법정에 모인 화난 군중들이 크게 소리를 질렀어요.
죄 없으신 예수님이 죄인의 모습으로 재판을 받으셨어요.
"당신이 유대인의 왕이라고? 왕이시여 평안하소서! 하하하"
군인들이 예수님을 채찍질하고, 머리에 가시관을 씌우며 침을 뱉었어요.
죄인이 되신 예수님이 사람들의 비웃음과 놀림을 당하셨어요.

예수님이 십자가를 어깨에 메고 어디론가 끌려가고 있어요.
"예수를 죽여라! 죽여라!"
예수님을 따르던 사람들도 화난 군중과 함께 소리쳤어요.
쓰러질 듯 걸어가는 예수님을 따라가며 사람들이 수군거렸어요.
사람들이 예수님을 버렸어요. 예수님을 떠났어요.

쾅! 쾅! 쾅!

해골의 곳이라 불리는 골고다언덕 위에 망치소리가 울려 퍼졌어요.
예수님의 두 손과 발이 십자가에 못 박히셨어요.
죄 없으신 예수님이 십자가에 달리셨어요.
우리의 죄를 대신하여 죄인이 되셨어요.
죄인인 우리를 사랑하셔서 십자가 위에서 대신 죽으셨어요.
십자가에서 죽기까지 희생하신 예수님의 사랑이 우리의 죄를 깨끗하게 했어요.

1. 우리가 형제와 친구들을 위해 희생해야 하는 이유는 무엇일까요?

2. 빈칸에 들어갈 글자를 적어보세요.

"우리 죄를 대신하여 죽으신 예수님의
십자가 ○○ 은 사랑입니다."

우리 죄를 대신하여 십자가에서 죽으신 예수님의 사랑을 기억하며, 예수님 십자가 희생처럼 다른 사람을 위해 사랑의 희생을 실천하는 사순절이 되어요.

예수님 따라 걸어요

십자가에서 죽기까지 희생하며 우리를 사랑하신 예수님을 기억해요. 예수님의 발걸음을 따라요.
나도 예수님처럼 다른 사람들을 위해 희생할 수 있어요.

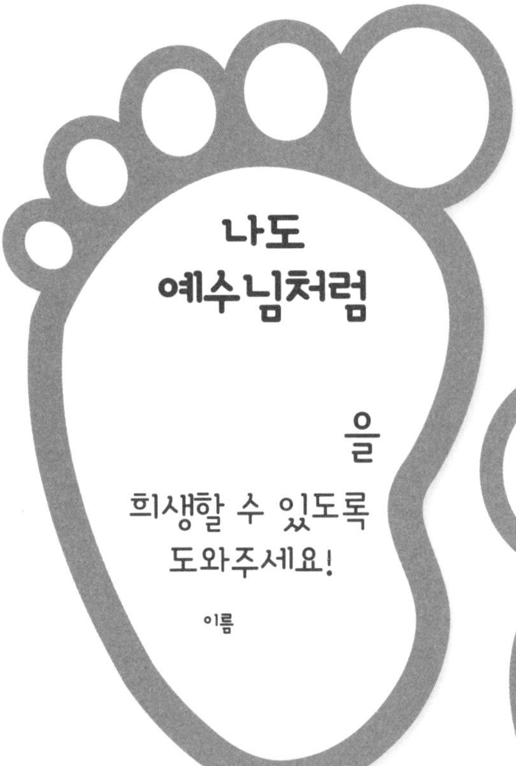

**나도
예수님처럼**

을

희생할 수 있도록
도와주세요!

이름

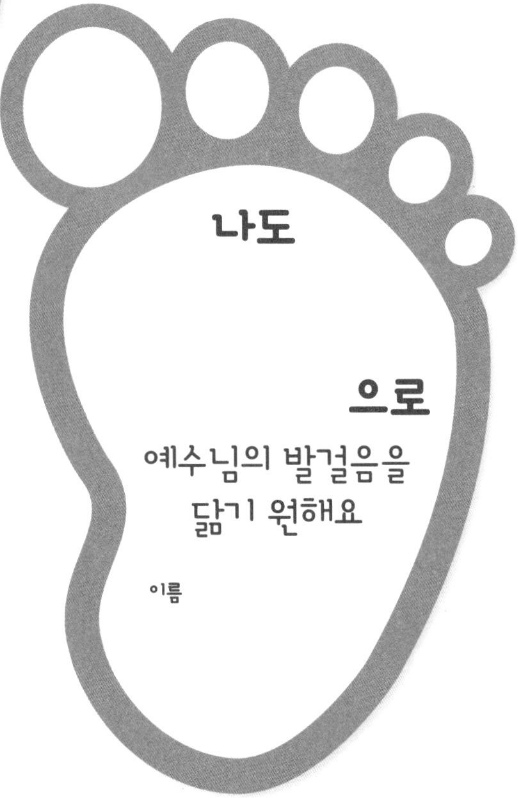

나도

으로

예수님의 발걸음을
닮기 원해요

이름

종려주일이야기

이야기로 만나는 사순절

예수님을 기억하며 따라가요

종려주일은 예수님께서 하나님의 뜻을 이루시기 위해 예루살렘 성으로 들어오신 날을 기념하는 주일이에요. 예수님의 십자가 고난을 묵상하는 고난주간의 시작을 알리는 주일이에요. 예수님께서 십자가에 달려 돌아가시고 부활하시기 전까지 예수님께서 걸어가신 길을 하나하나 기억하며 함께 게임을 진행해요. 그리고 우리도 예수님의 길을 따라 걸어가는 어린이가 될 것을 함께 결단해요.

성서이야기

- 본문 말씀 : 마태복음 21장 1-9절
- 외울 말씀 : 마태복음 21장 9절

앞에서 가고 뒤에서 따르는 무리가 소리 높여 이르되 호산나 다윗의 자손이여 찬송하리로다
주의 이름으로 오시는 이여 가장 높은 곳에서 호산나하더라

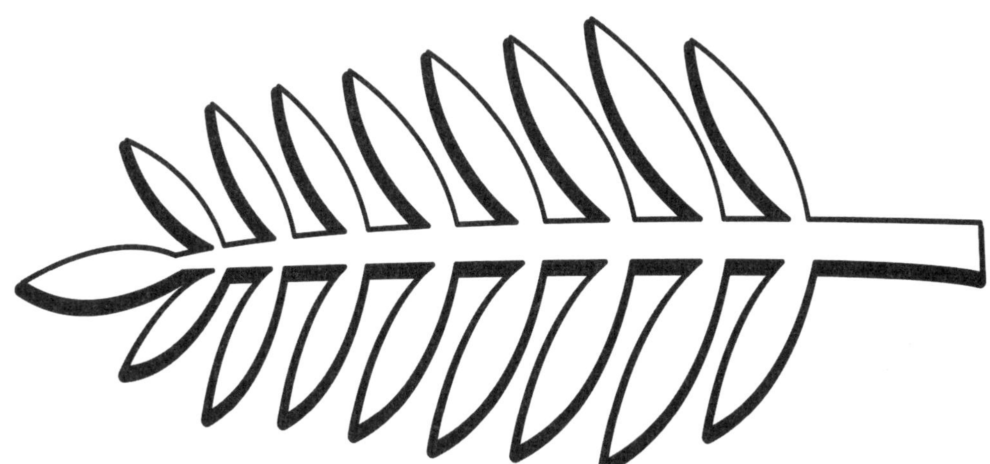

게임미션설명

- 나귀타기: 나귀를 타고 입성하시는 예수님의 모습을 기억하며 두 칸 앞으로 이동하기
- 호산나외치기: '호산나'를 2번 외치고 한 칸 앞으로 이동하기.
- 깨끗한 성전: 예수님이 성전을 깨끗하게 하신 말씀(마태복음 21장 12~13절)을 찾아 크게 읽고 한 칸 앞으로 간다.
- 성전청소: 사다리타고 깨끗한 성전으로 이동하여 '깨끗한 성전'의 미션을 수행한다.
- 예수님의 만찬: 예수님께서 제자들과 함께하신 마지막 만찬을 기억하며 간식 하나를 상으로 받는다.
- 예수님의 무덤: 예수님이 십자가에서 돌아가신 후 무덤에 묻히시고 3일 만에 부활하셨음을 기억하며 주사위를 굴려 숫자 3이 나올 때까지 탈출하지 못한다.
- 용서해요: 바로 뒤에 있는 친구의 칸으로 이동하기, 하나님이 우리를 먼저 용서해주셨음을 기억한다.
- 섬겨요: 바로 뒤에 있는 친구를 내 칸으로 데려오기, 예수님이 우리를 사랑으로 섬기셨음을 기억한다.
- 사랑해요: 주사위를 던저 나온 수 만큼 몸으로 하트를 만든다. 10초안에 수행하지 못할 시 1회 쉰다.
- 기도해요: 성경을 찾아 주기도문(마태복음 6장 9~13절) 소리내어 읽고 1회 쉰다.
- 희생해요: 가장 뒤에 있는 친구의 말과 자신의 말의 자리를 교체한다.

이야기로 만나는 사순절 예수님을 따라 걸어요

그림책을 소개합니다

예수님 말씀처럼 용서해요!

곰 때문이야!

에이미 다이크맨 글, 자카리아 오호라 그림 / 함께 자람 / 2016

빨간 곱슬머리 아이는 왜 곰에게 화가 났을까?
사과와 용서의 중요성을 일깨워 주는 성장 그림책

구매안내

예수님 행동처럼 섬겨요!

누구지?

이범재 글, 그림 / 계수나무 / 2013

눈이 잔뜩 쌓여 길이 없어진 숲에 누가 길을 만들어 주었을까?
섬김의 여운을 느끼게 하는 따뜻한 그림책

구매안내

예수님 마음처럼 사랑해요!

우리 가족입니다

이혜란 글, 그림 / 보림 / 2005

어느 날 찾아온 할머니를 우리 가족으로 받아들일 수 있을까?
진정한 가족의 의미가 무엇인지 찾아주는 그림책

구매안내

예수님 습관처럼 기도해요!

루터와 이발사

R. C. 스프로울 글, T. 라이블리 플루하티 그림 | IVP | 2016년

하나님께 드리는 진실한 기도
루터박사가 우리에게 알려주는 바른 기도의 안내서

구매안내

예수님 십자가처럼 희생해요!

엄마 까투리

권정생 글, 김세현 그림 / 낮은산 / 2008

갑자기 일어난 산불, 활활타는 불길 속 어린 새끼들을 구할 수 있을까?
엄마 까투리의 새끼를 향한 희생과 사랑의 이야기

구매안내

터치바이블 이스라엘, 터치바이블 말씀한국, 터치바이블 콘텐츠선교

터치바이블선교회는 한국교회와 지도자, 그리고 성도들이 성서를 바르게 배우고 성서 현장의 역사와 문화를 순례하는 가운데 온전한 신앙으로 부흥하기를 소망하며 시작되었습니다. 선교회는 성지와 역사현장을 순례하고 탐방하는 일, 성서를 언어와 지리, 역사와 문화를 중심으로 연구하고 배우는 말씀아카데미, 성서를 기반으로 바른 기독교 사역자를 훈련하는일, 무엇보다 이스라엘과 세계 각지 선교 현장이 하나님의 말씀 성서를 중심으로 바르게 부흥하고 지도자를 양성하도록 하는 사역을 위해 헌신 할 것입니다.

터치바이블선교회를 위해 기도해주세요.

1. 성서와 순례자들을 안내하고 가르치는 사역을 위해 기도해 주세요.
2. 다양한 아카데미를 통해 말씀 사역이 강화되도록 기도해 주세요.
3. 선교회에서 출간되는 다양한 자료와 책들을 위해 기도해 주세요.
4. 선교회가 발간하는 다양한 자료들이 선교 확장을 위해 바르게 사용되도록 기도해 주세요.

터치바이블선교회의 사역을 위한 후원 방법 안내

터치바이블선교회는 한국교회와 성도들의 격려와 후원으로 운영됩니다. 선교회 후원 방법은 다음과 같습니다. 각 후원은 매월 납부를 기준으로 합니다.

- 실행후원(이사) 월 200,000원
- 말씀후원(일반) 월 50,000원
- 실행후원(위원) 월 100,000원
- 회복후원(일반) 월 30,000원
- 프로젝트후원 프로젝트별 직접
- 부흥후원(일반) 월 20,000원

후원계좌: 국민은행 009901-04-105543 터치바이블선교회

선교회대표: 강신덕 목사 아카데미원장: 김진산 목사
아카데미 및 사역자훈련원 팀장: 김일권 목사 출판 및 콘텐츠 제작 팀장: 오인표 전도사 행정 및 운영 팀장: 지동혁 집사
주소: 서울시 마포구 와우산로 73 4층 (우) 04041
T: 02-738-2082 H: www.touch-bible.com

레티티아 책세계관연구소

우리는 문학으로 성서적 세계관을 교육하는 일로 부름 받았습니다.

레티티아는 그리스도인들이 성경의 진리를 나의 삶의 기준으로 삼고 세상과 소통할 수 있도록 교육하는 일로 부름 받았습니다. 또한 비 그리스도인들이 진리를 담고 있는 문학 작품을 통해 자연스럽게 성서적 세계관을 접하고 복음을 경험할 수 있도록 돕기를 소망합니다.

읽는 즐거움, 깨닫는 즐거움, 행동하는 즐거움을 지향합니다.

성경의 진리를 실제적으로 보여주는 다양한 문학 작품을 즐겁게 읽고, 그 안에 담긴 구체적 의미를 깨달아 실제 삶 속에서 어떻게 행동하며 살아가야 하는지 함께 알아가기를 꿈꿉니다.

어린이와 성인을 대상으로 한 책세계관 교육 프로그램을 개발합니다.

“높은뜻어린이문학세계관학교”를 시작으로 그림책 등을 통해 성서적 세계관을 교육할 수 있는 유아, 초등 대상 교회 교육 프로그램을 꾸준히 개발해 왔습니다. (주제: 샬롬, 권위, 공동체, 용서 등) 더불어 목회자를 비롯한 그리스도인들이 문학 작품을 읽고 해석하며 올바른 성서적 세계관을 세워 갈 수 있는 다양한 책세계관 교육 강좌를 진행하고 있습니다.

사역 내용

1. 개별 교회에서 주말 및 방학에 활용할 수 있는 어린이문학세계관학교 프로그램 개발(유치, 초등 대상)
2. 그림책에 대한 전문 지식을 쌓고, 세계관적 분석을 바탕으로 책세계관교육을 할 수 있는 그리스도인 양성 프로그램 개발(성인 대상)
3. 레티티아책세계관연구소 부설 독서교육센터에서는 4세부터 중학교 3학년을 대상으로 한 독서교육프로그램 상시 진행

문의 레티티아책세계관연구소 T 070-8868-0220 **E-mail** laetitiabooks@gmail.com
찾아오시는 길 서울시 마포구 만리재옛길 6 서현빌딩 3층 레티티아(공덕역 5,6번 출구)

이야기로 만나는 사순절
예수님을 따라 걸어요는
도서출판 **함께자람**의 도서 「**곰 때문이야!**」,
도서출판 **계수나무**의 도서 「**누구지?**」,
도서출판 **보림**의 도서 「**우리 가족입니다**」,
도서출판 **IVP**의 도서 「**루터와 이발사**」,
도서출판 **낮은산**의 도서 「**엄마 까투리**」 의
일부사용과 관련하여 각 도서출판사의 승인 하에 제작된 것입니다.

이야기로 만나는 사순절
예수님을 따라 걸어요

1판 1쇄: 2019년 1월 25일

저자: 정부선, 박현경, 최지혜, 김희영
편집: 정부선, 오인표
디자인: 오인표
홍보/마케팅: 김일권 지동혁
펴낸이: 오세동
펴낸곳: 도서출판 토비아
등록: 426-93-00242
주소: 04041) 서울특별시 마포구 와우산로 73(홍익빌딩 4층)
T 02-738-2082 F 02-738-2083

ISBN:979-11-89299-09-5 04230
979-11-89299-08-8 (세트)
